はじめに

　日教組養護教員部は、これまで、2005年結核健康診断・2010年新型インフルエンザ（2009年A/H1N1）をとおして、「うつる」病気について考えるために学習シリーズを発刊しました。

　今、社会や学校で「うつる」病気はどのように扱われているでしょう。

　国が「予防接種で予防できる病気はすべて予防接種を」（予防接種で終生免疫が獲得できるとは限りません）として、次々に定期接種化するにしたがって、「『うつる』病気にかかってはいけない」「『うつる』病気にかかると迷惑をかける」と、私たちは思わされてはいないでしょうか。

　2003年健康増進法制定以降、「健康」についても自己責任が求められており、「『うつる』病気にかかった本人が悪い」という風潮があります。また、私たち自身も病気や「うつす、うつる」ことへの恐れがあるのではないでしょうか。

　病気の撲滅や病気ゼロをめざした時、病気そのものではなく病気にかかった人を排除したり、差別したりすることがあることを考えなくてはいけません。

　「感染症予防法」（1998年）前文には、「我が国においては、過去にハンセン病、後天性免疫不全症候群等の感染症の患者等に対するいわれのない差別や偏見が存在したという事実を重く受け止め、これを教訓として今後に生かすことが必要である」と書かれています。また、条文等にも感染者の人権尊重が謳われています。

　再び同じ過ちを繰り返さないためにも、私たち自身が「うつる」病気に対する偏見とどう向き合っていくのか、改めて「うつる」病気について考えてみましょう。

　この学習シリーズが、仲間と議論を深めるための参考となれば幸いです。

目　次

1.
「うつる」病気を今一度考える
（「うつる」病気＝排除？）

たとえば、インフルエンザ流行時に咳をしながら登校してきた子どもに、あなたならどんな声をかけますか？

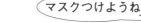

学校という集団の中では、「うつる」病気を子どもたちの間で蔓延させないようにしたいという思いが強くなるあまり、子どもの体調を心配する声かけよりも、その子どもが感染源にならないかを気にする（感染症対策としての）声かけの方が多くなっていませんか？

こうした私たちの言動から、子どもは「咳をする」→「人にうつす」→「迷惑をかける」→「（もしかして）休めばよかったのかな？」というように考えるかもしれません。そして、そのように考えた子どもは、今度は別の子どもが咳をしていたときに、体調を気づかうよりも先に、「迷惑だなぁ」と感じてしまうのではないでしょうか。

私たち自身の言葉かけや指導が、気づかないうちに子どもや保護者たちに「うつる」病気＝「排除」というイメージをうえ付けていないか、今一度、振り返り考えてみましょう。

3

2. 菌やウィルスとの共生（菌は排除すべき？）

　近年、さまざまな除菌グッズが売られるようになり、「菌は悪いもの」「除くことがよい」という風潮が見られます。菌やウィルスは、本当に要らないものなのでしょうか。私たちの周りにいる目には見えない微生物（菌・ウィルスなど）について考えてみましょう。

1 　目には見えない微生物

　原虫、カビ、細菌、ウィルスなどは、微生物と呼ばれています。細菌の中でも、私たちのからだの中や皮膚に住みついているものは「常在菌」と呼ばれ、私たちが生きていくためにとても必要なものなのです。常在菌は、私たちのからだの中にどれくらいいると思いますか？

口の中には………100 億個！

皮膚には…………1 兆個!!

胃腸の中など……なんと 100 兆個!!!

腸の中には 1kgの腸内細菌がいる
1g の便の中には、100 億個の細菌がいる

　細菌のなかには、「ばい菌」と呼ばれるものも含まれています。

　日常では、汚いものという意味で使われたり、いじめやからかいの言葉として使われたり、悪影響を起こすものとして使われたりして、よいイメージではありません。

2 ばい菌って、何だろう？

　しかし、ばい菌の「ばい」は、漢字で書くと「黴」です。つまり黴
菌は、カビと菌を表していたと考えられます。カビや菌は、種類が多
く病気を引き起こすものもいますが、実は役に立っているものも多く
あります。

3 ばい菌の役割

　日本は、カビを使って、酒・みそ・しょうゆなどをつくってきた歴
史があり、生活を支えてくれるものでもあります。また、常在菌に
は、病原菌がからだの中に入ってこようとするのを、団結して跳ね返
す役割があります。さらに、ヨーグルトや納豆のように食品をおいし
くするカビや細菌もいます。

> たとえば……
> ○消化を助ける「ビフィズス菌」「大腸菌」
> ○肌をつやつやにしてくれる「表皮ブドウ球菌」

　顕微鏡で腸の中を覗くと、腸内細菌はまるで植物が群生している
「お花畑（［英］flora）」のようにみえることから、『腸内フローラ』
と呼ばれています。腸内細菌は、大きく3つ（善玉菌・悪玉菌・日和
見菌）に分けられます。善玉菌には、ビフィズス菌や乳酸菌があり、
おなかの調子を整えてくれます。悪玉菌が増えると、下痢や便秘など
おなかの調子が悪くなることがあります。日和見菌は、善玉菌と悪玉
菌の優勢な方に味方をします。善玉菌優勢の状態でバランスよく腸内
フローラを整えることが、免疫細胞の活性化につながり、病原菌から
からだを守ることになります。

私たちヒトは、原始の時代から微生物と共生することで抵抗力を高めています。病気を起こす細菌もいますが、私たちのからだは、菌がバランスよくいることで健康を保っているのです。

腸活

腸内フローラを整えることで健康を促進させようとするとりくみは『腸活』と言われています。
腸を整えるだけで、免疫力など様々な機能が改善することが報告されています。

参考文献：
山田真『じぶんのからだシリーズ（1）かぜをひいたら読む本　わたしたちと生き続けたウイルス、細菌のはなし』（ジャパンマシニスト社　2013年）
山田真「特集Ⅰ　うつる病気とどうつきあう？」「ちいさい・おおきい・よわい・つよい」71号（ジャパンマシニスト社　2009年）
山田真・石川憲彦「特集　清潔育児をやめないか？」「ちいさい・おおきい・よわい・つよい」121号（ジャパンマシニスト社　2018年）
山田真監修「特集Ⅱ　看病のとき、落ちついて見守れるおススメ〜！進化医学」「ちいさい・おおきい・よわい・つよい」88号（ジャパンマシニスト社　2012年）

3. 「うつる」病気に対して行われてきたこと

　近年、「集団での感染を防ぐ」「予防対策の必要性から」という名のもと、「うつる」病気にかかった人の個人情報が報道されたり、過剰と思われる対応が行われたりする事例が出てきています。

　これまで「うつる」病気の発生時にはどのようなことが起こっていたのでしょうか。

1 新型インフルエンザ（A/H1N1 pdm2009 型）

　2009 年 4 月メキシコで新型インフルエンザが発生、5 月 16 日には日本で最初の発症者が確認されました。「感染力が強い」「新型」という情報から、多くの混乱が起こりました。5 月 22 日には厚労省から「感染力は強いが多くの感染者は軽症のまま回復している」旨の通知文が出されましたが、学校現場までこの通知文の内容は十分に周知されず、また、対応を求める世の中の動きから、行政主導のもと、学校では以下のような対応が行われていました。

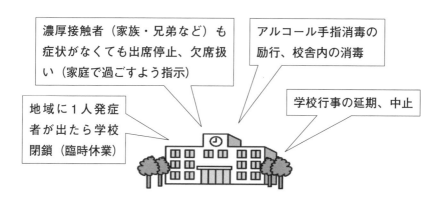

濃厚接触者（家族・兄弟など）も症状がなくても出席停止、欠席扱い（家庭で過ごすよう指示）

アルコール手指消毒の励行、校舎内の消毒

地域に 1 人発症者が出たら学校閉鎖（臨時休業）

学校行事の延期、中止

2018年3月に沖縄県で患者が確認され、6月の終息宣言までに100人近い感染者が出ました。

沖縄県内、県外の学校では以下のような対応が行われていました。

<＜沖縄県内の学校＞
○春休み中に感染者と同一店舗にいた全ての子どもの家庭へ電話連絡をし、子どもの健康状態を確認。
○家族に麻しん患者が発生した際、子どもには登校を控えるよう連絡。
○感染疑い者と接触した子どもについて、週休日に管理職と養護教諭が出勤し、全校の子どもの予防接種歴を確認。接種歴があいまいな子どもについては再度保健調査を実施、回答のない家庭は学級担任が電話で保護者に確認。

＜沖縄県外の学校＞
（修学旅行先を沖縄にしていた学校）
○修学旅行に参加する子ども・引率職員の麻しん予防接種歴の確認
○予防接種歴が不明の子ども・引率職員への接種勧奨
○修学旅行先の変更（沖縄方面をキャンセル）

2018年末から再び麻しんが各地で流行し、その後、5月までに四国地方を除く全ての地域で届け出報告がされました。「感染予防の注意喚起」として、感染者が特定されかねない、以下のような個人情報が公表されるということも起こっています。

患者の個人情報を広く公表
性別・年代・発症日・居住地・予防接種歴・推定感染源・検査確認日・発熱日など

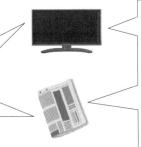

感染の恐れのある期間の行動を広く公表
○商業施設を利用していた場合
　利用していた日にち・時間帯・施設内の場所など
○公共交通機関を利用していた場合
　利用していた日にち・線名・乗車下車した駅名・時間帯など

③ 風しん

　2013 年の流行（14,000 人強）以降、患者報告数は 100〜300 人程度と減少傾向にありましたが、2018 年には 3,000 人弱、2019 年は 11 月までで 2,200 人を超える数が報告されています。

「風しんに関する特定感染症予防指針」（H26 年告示、H29 年一部改正）

目標：早期に先天性風しん症候群の発生をなくすとともに、2020 年度までに風しんの排除を達成すること

厚労省：2019〜2021 年度末の約 3 年間にこれまで風しんの定期接種を受ける機会がなかった 40 歳から 57 歳の男性を対象に、風しんの抗体検査を前置した上で定期接種を行うことを発表。

　「うつる」病気を予防するために、罹患者が特定されかねない情報が流されること、過剰とも思える対応をすることは、より一層「健康でなければならない」という意識を定着させることにつながりかねません。

　何のためにどこまでの情報を公開するのか、情報提供自体が患者のプライバシー侵害にあたり、差別や偏見を生む可能性があるということを意識する必要があります。

医学部や外部に実習に行くような学部のある一部の大学では、入学する時に抗体検査をしたり、予防接種歴を確認したりしているところもあるよ。

参考文献：
日教組養護教員部保健研究委員会編「『うつる』病気と養護教員のかかわりについて」2012 年 3 月
沖縄県保健医療部「沖縄県における外国人観光客を発端とした麻しん集団発生と終息に向けた行政対応報告書」2019 年 3 月
国立感染症研究所 感染疫学センター「風疹流行に関する緊急情報」

4. 「うつる」病気と予防接種

病原体の一部や弱毒化させたものからワクチンを作り、それを体内に入れ、免疫を獲得しようとするのが予防接種です。

現在、生活環境や栄養状態が良くなり、感染症による子どもの死亡数は激減しました。しかし、ワクチンの種類や接種回数は増加し続けています。「ワクチンギャップ（日本は他の先進諸国に比べて公的に接種するワクチンの数が少ない）」の解消や「ワクチンで防ぐことのできる病気は、ワクチンで防ごう」という考え方が国の理念とされ、**現在1歳までに受ける予防接種は定期接種のみで13回となり、2001年の2倍、1985年頃の4倍以上となっています。**[※1] さらに、予防接種の過密なスケジュールをこなすため、乳児への同時接種（生後2ヶ月から多ければ同時に5～6種類のワクチン）が行なわれるようになっています。

現在の予防接種は、予防接種法（1948年施行）に基づいて行なわれています。施行当時は「うつる」病気による社会的損失を防止することが急務であったため、予防接種は「義務」とされ、受けない場合には罰則規定もありました。

その後80年代後半までは、学校を会場として児童生徒へ「インフルエンザ集団義務接種」が行なわれていました。当時は、「社会防衛」のために「集団予防接種は有効・必要だ」とする考え方に、私たち養護教員もとらわれていましたが、全国の養護教員や市民団体とともに学習を深め、学校での「インフルエンザ集団義務接種」を廃止する動

11

きへとつながりました。

※1　日本の小児定期接種スケジュール（過去～現在）

1985 年頃	2001 年	2019 年（4 月 1 日現在）
0 歳代（3 回） ポリオ生ワクチン 2 回、 BCG 1 回	0 歳代（6 回） ポリオ生ワクチン 2 回、 DPT 3 回、 BCG 1 回	0 歳代（13 回） BCG 1 回、Hib 3 回、 肺炎球菌 3 回、 B 型肝炎 3 回、 DPT-IPV 3 回
1 歳～小学校入学まで（6 回） DPT 4 回、 麻疹 1 回、 風疹 1 回	1 歳～小学校入学まで（6 回） DPT 1 回、 麻疹 1 回、 風疹 1 回、 日本脳炎 3 回	1 歳～小学校入学まで（10 回） MR 2 回、Hib 1 回、 肺炎球菌 1 回、 水痘 2 回、DPT-IPV 1 回、 日本脳炎 3 回
	※ 2020 年 10 月～ 　ロタが任意から定期に。 　0 歳代（生後 6 ヶ月から） 　計 2～3 回接種。	12～14 歳（3 回） HPV 3 回 ※定期接種としては接種可能ですが、現在、積極的な勧奨は差し控えられています。

　ワクチンは、自分自身が病気を予防するために接種するものです。しかし、昨今は「感染源にならないため」、「他の人にうつすことは迷惑」という風潮から予防接種を受けざるを得ない状況があります。誰のための予防接種なのかを問い直し、「子どもにとっての最善」をめざして、副作用を含めたさまざまな情報を発信していく必要があります。

病気を予防できるならワクチンは受けるべき？

不安を感じて接種を控える親は、虐待（ネグレクト）として扱われることもあるけど、「選択する自由」だってあっていいよね？

受けるかどうかを判断するために、ワクチン効果も副作用も、どちらの情報も詳しく知りたいな。

参考文献：
山田真・青野典子「特集 予防接種は迷って、悩んでもいいんだよ。」「ちいさい・おおきい・よわい・つよい」117 号（ジャパンマシニスト社　2017 年）
「特集 ワクチンで子どもは守れるか？医療と製薬会社の癒着を問う」「季刊 社会運動」427 号（市民セクター政策機構　2017 年）
母里啓子『最新改訂版 子どもと親のためのワクチン読本 知っておきたい予防接種』（双葉社　2019 年）

5. ハンセン病の歴史をくり返さないために

　「ハンセン病」を知っていますか？ハンセン病にかかったというだけで、社会での生活が強制的に断ち切られ、家族との絆やふるさとを奪われ、終生隔離されるという残酷な制度が、日本では90年間も続けられてきました。

1 ハンセン病ってどんな病気なのでしょう？

　ハンセン病は、「らい菌」という細菌が原因で起こる慢性感染症です。「らい菌」の感染力は極めて弱いことが知られており、感染しても発病するケースは他の感染症にくらべてはるかに低いことがわかっています。現在、日本で新しい患者さんが出る可能性は限りなく0に近いと言われています。

　1943年アメリカで特効薬が発見され、その後、治療法が確立された以降も、人々はハンセン病を恐れ、患者、そして家族までも差別してきたのです。

2 なぜ、ハンセン病は恐れられていたのでしょうか？

変形と機能障害が起こることが多い。
　しかし…
これらの症状は、治療が遅れたことによる末しょう神経障害（手足の運動まひや知覚まひなど）であり、二次的に起こった後遺症である。

医学の知識が乏しかった時代、「遺伝病」と考えられていた。

薬が発見されるまで、「不治の病」と考えられていた。

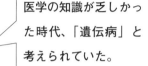

感染症と分かってからも、感染経路がはっきりわからなかった。

　そして、何より

日本は法律を作り、患者の「強制隔離」「終生隔離」という政策をとっていた。

1907 年 「癩予防ニ関スル件」（放浪患者の隔離を始める）

　　　　　明治維新により、文明国の仲間入りをしようとする政府にとって、ハンセン病患者が神社や仏閣を放浪するのは、「国辱」とみなす風潮が高まったから。

1931 年 「癩予防法」（全患者が隔離の対象となる）

　　　　　優性思想のもと、富国強兵をすすめる政府にとって、国民は兵力、労働力としての「人的資源」と強調された。健康であることが義務とされ、日本民族の質を下げる病気はすべて排除する考えがあったから。

　　　　　このころから「無らい県運動」が始まる。

> ### 無らい県運動
>
> 「『らい』を絶滅させるには、患者を全員隔離する」という国の計画に基づいて、内務省・厚生省の指示で警察官などを動員して「患者狩り」を行い、自分たちの県には一人でもハンセン病の患者の存在を許さないという官民一体となった運動。住民による通報が奨励され、近所の住民や教職員・養護教諭も、患者を見つけ出し、地域からあぶりだすという役割を担った。収容された子どもたちに、手紙一枚出した教職員もいなかったという。

1953 年 「らい予防法」

> ### 「らい予防法」の制定により
>
> 患者の強制隔離政策の継続、広範囲の就業制限、患者が出た家の消毒、入所した患者の外出制限、所長の懲戒検束などが法的に規定される。療養所からの退所規定がなく、一生療養所ですごさなければならないとなる。

医学者、法律家、宗教家、マスコミも、法に対して異議を唱える者はほとんどなく、むしろ差別を助長し、隔離政策に「加担」することとなった。

政府が法律まで作って隔離するほどだから、強い感染力を持った恐ろしい病気なのだろう。

差別や偏見がますます広がり、らい予防法が40年間も続くことになった。
（1949年から1996年までに、優生保護法に基づくハンセン病を理由とする不妊手術は1,551件、人工妊娠中絶は7,696件も行われた。）

コラム

宿泊拒否事件 ～らい予防法廃止後に起こったこと～

　2003年、熊本県は「ふるさと訪問事業」で、療養所の回復者（元患者）の方たちをホテルに招待していました。ところがホテルは、宿泊するのが療養所の入所者だと分かると宿泊を断ってきました。県が「ハンセン病は完治している」と告げても受け入れませんでした。この事実が公表されるとホテルに抗議が殺到したため、ホテルの支配人は療養所へ謝罪に行きました。しかし、用意された謝罪文を読み上げただけで、ホテルの責任を明らかにしなかったため、回復者の方々は謝罪文を受け取りませんでした。すると療養所には下記のような電話や手紙が届くようになります。
「温泉に入るより骨壺に入れ」
「国の税金で生活しているのに、権利を主張するな」

　法律を廃止することだけでは、一度人々の心の中にめばえた差別・偏見をなくすことは大変難しいことが明らかになりました。

4 差別や偏見のない社会をつくるために

　2005年、厚生労働省の第三者機関「ハンセン病問題に関する検証会議」は900ページ近くの最終報告を同省に提出しました。その中で医師の妄信や怠慢、行政の誤りを支えた教育、司法、報道の責任も指摘しました。<u>「放置すれば他の感染症でも同様の悲劇が起こりうる」</u>とも提言しています。また、再発予防の提言に、<u>「感染症患者の人権を保障し感染を防ぐ唯一の方法は、患者に最良の治療を行うことであ</u>

って、隔離や排除ではないとの認識を普及させること」「感染症であれ、遺伝性疾患であれ、病気を理由とした差別は許されないという立場を徹底するのでなければ、いくら正しい医学的知識の普及に努めたとしても、病気に対する差別・偏見は決してなくならない」と書かれています。

　国は、2008年から中学生向け学習資料「ハンセン病の向こう側」を作成配布しています。その中に国が謝罪したこと、そして入所者や社会復帰者たちの名誉回復、社会復帰支援およびハンセン病問題の啓発活動等にとりくんでいることが書かれています。

　この提言や国のとりくみを、今、考えていく必要があるのではないでしょうか。

参考文献：

『ハンセン病をどう教えるか』編集委員会編『ハンセン病をどう教えるか』（解放出版社　2003年）

神美知宏・藤野豊・牧野正直『知っていますか？ハンセン病と人権一問一答』（解放出版社　2005年）

日本弁護士連合会編『ハンセン病　いま、私たちに問われているもの』（クリエイツかもがわ　2011年）

厚生労働省「ハンセン病問題に関する検証会議　最終報告書」

武村淳・ハンセン病国賠訴訟を支援する会熊本『楽々理解ハンセン病』（花伝社　2005年）

「らい予防法」違憲国家賠償請求訴訟西日本弁護団編『九〇年目の真実　ハンセン病患者隔離政策の責任』（かもがわ出版　1999年）

寺島萬里子『寺島萬里子写真集 病癒えても ハンセン病・強制隔離90年から人権回復へ』（晧星社　2001年）

日教組養護教員部保健研究委員会編・前掲書

厚生労働省「ハンセン病の向こう側」（中学生向けパンフレット）

6. 「うつる」病気とどうつきあうか

　感染症の原因となる細菌やウイルスの種類はたくさんあり、常に私たちの身の回りに存在しています。これらの病原体をすべて遠ざけるということは不可能です。また、病原体がからだに入った（感染した）だけですべての人が発症するわけではありません。発症するかどうかは病原体の感染力とその時のからだの持つ抵抗力のバランスによって変わってきます。

人には自然治癒力が備わっています。
さらに、感染症にかかった過程で獲得した免疫についても、その後の免疫力を上げる効果が期待できます。

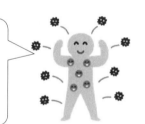

1 免疫について

　免疫は、「終生免疫」と「一過性免疫」に分けられます。終生免疫は、一度獲得したら同じ病気にはかからなくなると一般的に言われているもので、麻しん、流行性耳下腺炎などがあります。これに対して一過性免疫は、短期間しか免疫力が持続しないため何度でもかかるもので、一般的なカゼ、感染性胃腸炎（ノロウイルスなど）、インフルエンザなどがあります。免疫を獲得するのは、その病気にかかったときと予防接種をしたときですが、予防接種で獲得した免疫は時間が経つと効果がさがり、感染する可能性が出てくると言われています。

2 | 感染経路や病原体の感染力について

例として、インフルエンザとエボラ出血熱で比べて考えてみましょう。

インフルエンザ	エボラ出血熱
咳やくしゃみなどの飛沫感染や空気感染するので感染が広がりやすいが、**命にかかわることは稀**。	患者の体液等（血液、分泌液、吐物、排泄物）による接触感染なので広がりにくいが、**微量のウイルスでも深刻な症状を起こす**。

病原体の感染力は種類によってかわるし、抵抗力も人によって、その時によって違うよね。「感染症」をすべて一緒にして考えること、排除することはどうなんだろう？

3 | 養護教員として大切にしたいこと

感染症流行時に、感染した子どもたちがつらい思いをしないよう、私たち養護教員が「うつる」病気について、事実に基づいた知識を持ち、広い視点で冷静に判断できる力をつけましょう。また、マスコミ等の報道に左右されないよう、情報収集しながら養護教員同士がつながり学び合いましょう。

学校の中にはさまざまな健康状態の子どもがいます。一人ひとりの人権に配慮しながら、いろいろな場面で「『うつる』病気と上手に付き合う」とはどういうことかを、学校全体で考えていくことが大切です。

参考文献：
日教組養護教員部保健研究委員会報告編・前掲書
「ちいさい・おおきい・よわい・つよい」56号（ジャパンマニシスト社　2007年）

小児科医　山田真さんに聞きました！

Q 学校では、さまざまな健康状態の子どもたちが一緒に生活しています。例えば、何らかの理由により免疫が低下している子どももいる中で、「『うつる』病気との共生」をどうとらえたらいいのでしょうか。

A ノロウイルスやロタウイルスなどが見つからなかった時代は、「お腹の風邪」として対症療法をするくらいで、「うつる」ことに対してはうるさく言われなかった。今は、ノロウイルスが出たとなると、一日中消毒している施設もある。簡単に病気を見つけられるようになったことで過剰な医療、予防につながっていっている現状がある。さらに、過剰な医療でトラブルが起こってもそれほど問題視されることはないが、不足した医療はすぐ問題になる。だから、どうしても学校は過剰防衛的になる。

　親も勝手なもので、「うつる」病気に関しては、自分の子は休ませたくないけど、他人の子は休ませてほしいと思っている。誰だって病気で死にたくないし、かかりたくないと思っているが、そのために、どちらかにやりたくないことを強制させることはできない。健常な子とは違う配慮が必要な子がいるということは忘れないようにし、個別に考えるしかない。

　一番大事なのは、本人・保護者・学校・主治医等で、「子どもを最大限守る」という前提で、みんなで一緒に考えること。健康面でもいろいろな立場の人たちが一緒に生活していくということは、いろいろな難しさもあると思うが、その困難な状況を少しでも減らせるようにお互いに考える作業が大切。できるだけ親や本人の希望に添おうという態度で話せば、親も本音がいえる。お互い疑心暗鬼にならないように、率直に言い合える関係性が大事。とりあえず、みんなで考えることをやってみよう！

（山田真）

21

おわりに

　2009 年に流行した新型インフルエンザ（A/H1N1）は、国民の不安や恐怖心を煽り、日本中にパニックを巻き起こしました。4 月 24 日に WHO がメキシコでの豚インフルエンザ発生を発表して、2 ヶ月足らずの 5 月には、日本政府は「弱毒性・季節性の対応に近いものへ」と「基本的対策方針」を改訂し、水際対策は中止されましたが、「新型インフルエンザ行動計画」（2009 年）に基づいていたことから、「過剰な対応」がなされたままでした。ただ、当時、感染力が強いことに加え、「新型」「よくわからない」ということ、真実が伝わらなかったことが、学校現場をはじめとしてみんなの恐怖心を煽ったのではないかと思います。

　今後、「新型」と言われるインフルエンザや未知の感染症が流行した時にパニックとならないために、日常的に「うつる」病気について養護教員のなかまと共通理解をはかる必要があります。「『うつる』病気と養護教員のかかわりについて」（2012 年 3 月・保健研究委員会調査報告書）では、「学びの共有化をめざしたとりくみ」として、「『現在までにわかっていること』と『十分にわかっていないこと』を見極められるよう、広い視点での知識を持ち、なかまとの学び合いや研修等に参加するなど、自己研鑽を積んでいきたい」とあります。

　「『うつる』病気をどう考えるのか」は、私たちが「どう『養護をつかさどるのか』」とつながっています。

　「うつる」病気と子どもたちの人権を守ること、学習権を保障することは、非常にむずかしい問題ですが、かつてと同じ過ちを繰り返さないためにも、単組や支部での学習を深めましょう。

養護教員部　学習シリーズの発行

① 学校保健の視点

② 保健主事の撤廃に向けて

③ インフルエンザ予防接種反対運動にとりくむために

④ 学校における採血の問題

⑤ 衛生管理者と養護教諭Ｑ＆Ａ

⑥ 保健主事もんだいにとりくむために

⑦ 学校における健康診断・予防接種

⑧ 教育職員免許法一部改正と養護教員

⑨ いま、なぜフッ素なのか

⑩ 「健康日本21」を問う

⑪ 色覚検査廃止から何を学ぶのか

⑫ 「健康増進法」のねらいを考える
　　―結核健康診断をとおして―

⑬ いま　なぜフッ素なのか　パート２

⑭ 健康診断を見つめなおす

⑮ 「うつる」病気をどう考えるのか

⑯ 学校での採血はいらない

⑰ むし歯を学ぶ・むし歯で学ぶ
　　―「今、なぜフッ素なの？」パート３―

⑱ 学校保健法の一部を改正する法律

⑲ 「うつる」病気をどう考えるのか
　　―新型インフルエンザをとおして―

⑳ わたしたちがめざす歯科口腔保健
　　―「今、なぜフッ素なの？」パート４―

㉑ 健康診断を見つめなおす‼　パート２―

㉒ 健康施策と養護教員　～今こそ「養護」を考える～

㉓ 守ろう！子どもの個人情報
　　～健康診断結果のビッグデータ化って⁉～

㉔ 人権の視点から学校での「色覚検査」を問い直す

学習シリーズ㉕
「うつる」病気をどう考えるのか
〜養護教員として大切にしたいこと〜

発行日　2020年3月10日　2020　Printed in Japan
編　者　日本教職員組合養護教員部
発行者　則松 佳子
発行所　㈱アドバンテージサーバー
　　　　〒101-0003　東京都千代田区一ッ橋2-6-2　日本教育会館
　　　　TEL 03-5210-9171　fax 03-5210-9173
　　　　URL　https://www.adosava.co.jp
　　　　郵便振替　00170-0-604387
印刷製本　シナノ印刷株式会社
ISBN978-4-86446-066-8